T0145770

Strange vagabond, who knows not what to seek

Si vous souhaitez recevoir notre catalogue et être tenu au courant de nos publications, envoyez vos nom et adresse, en citant ce livre, ainsi que ceux des personnes auxquelles vous nous suggérez d'envoyer notre catalogue.

Éditions Paradigme®,
11, rue de Châteaudun
45 000 Orléans.

Courriel : editions.paradigme@gmail.com
www.editions-paradigme.com

Relecture : Josiane Guibert

Conception graphique /
Correction-révision / Mise en pages :
Clément Saliou

Les Éditions Paradigme © sont une marque de **CORSAIRE ÉDITIONS** ®, éditeur indépendant, Orléans, 2016

ISSN : 2428-2405
ISBN : 978-2-86878-144-4

Strange vagabond, who knows not what to seek

Étrange vagabond qui ne sait quoi chercher

John Bradburne

Édition bilingue présentée par
David Crystal et Yves Avril.

Traduction de l'anglais par Didier Rance.

p a s s e r e l l e s
en
Poésie

n° 4

Collection dirigée par Yves Avril

Paradigme éditions

Ci-contre : John Bradburne ta-
pant un poème dans sa hutte en
tôles.

Ci-dessous : John et un lépreux à
Mtemwa.

© JBMS

© JBMS

SOMMAIRE

★ poèmes traduits par Yves Avril.

QUELQUES MOTS SUR JOHN BRADBURNE

Yves Avril

> *Any beauty, be it in music, in nature, in people,*
> *in song, in prayer moved him further in his search*
> John Dove

«John Bradburne est né le 14 juin 1921, entre l'Eden et la Croix, plus précisément à l'est de l'Eden et au pied de la Croix. L'Eden est le nom du petit fleuve côtier qui borde son village natal, Skirwith, et la Croix celui du Cross Fell, la montagne au pied de laquelle se trouve le village. Du Paradis au Golgotha, la métaphore géographique semble annoncer un destin…[1]» écrit Didier Rance au début de sa belle biographie du «vagabond de Dieu».

John est le troisième enfant de Thomas Bradburne, vicaire du village, et d'Erica Higgins, née en Inde et issue d'une grande famille qui cousine avec Baden Powell, le fondateur du scoutisme. Dans ce petit village du Cumberland au Nord-Ouest de l'Angleterre, aux frontières de l'Écosse, John passe «une enfance enchantée». Les changements d'affectation de son père ne le lui feront pas oublier. Mis en pension, il souffre. Il va même jusqu'à fuguer. C'est un écolier doué, mais ce n'est pas un écolier brillant. Il préfère grimper dans les arbres, si hauts soient-ils, et y demeurer.

Très tôt se manifeste sa passion pour la nature, la musique, la poésie et la liberté. En 1934, à l'école de Holt, non loin de Cawston dans le Norfolk où a été nommé son père, il découvre la littérature et surtout Shakespeare et la littérature médiévale, le théâtre, la flûte, le chant.

En 1939 la guerre éclate. Le voici sous-lieutenant et envoyé avec son frère à l'armée des Indes. À Bombay en 1941 il est chargé d'un peloton de mortier. Après la bataille désastreuse de la Slim en Malaisie, il fait retraite devant l'avancée des Japonais et échappe avec quelques-

---

1 Didier Rance, *John Bradburne, le vagabond de Dieu*, Salvator, 2012, p. 17.

uns à la captivité, dans un état tel qu'en février 1942 il est hospitalisé et échappe de peu à la mort.

C'est à l'hôpital qu'il redécouvre la foi, qui semble jusqu'alors avoir été assez tiède et qui désormais va conduire toute sa vie. Il écrira dans son plus long poème «Ut unum sint»:

> O blest delirium that told
> Me clearly that to find The God
> *Was all I really wanted!*[2]

Cette recherche de Dieu est en réalité la recherche de ce à quoi Dieu l'appelle. Il le saura en 1969.

Jusqu'à cette date il est en pèlerinage. «Nous sommes tous des Hébreux, spirituellement parlant – étrangers et pèlerins "in via"» écrira-t-il.

L'année 1942 est aussi marquée par sa rencontre avec John Dove, un catholique «qui ne se pose pas de question sur le pourquoi de sa foi». C'est le début d'une grande et d'une profonde amitié qui aura une très grande importance dans sa vie. À l'automne 1943 il est engagé dans les «Chindit» de Wingate, commandos qui sont largués en mars 1944 en arrière des lignes japonaises. Toujours à la tête de son peloton de mortiers, il participe au cœur de la jungle à trois importantes batailles, puis, en mars 1945, dans un état d'extrême fatigue, est évacué vers l'Inde. Sa guerre est finie.

Il rentre en Angleterre, renonce à entrer dans les ordres de l'Église anglicane, fait un projet de mariage, passe d'un travail à l'autre: forestier d'abord, puis, près de l'abbaye de Buckfast, aide-apiculteur, maçon. Spirituellement, il chemine vers le catholicisme et, le dernier dimanche d'octobre 1947, le dimanche du Christ-Roi, dans la crypte de la chapelle de l'abbaye de Buckfast, il est reçu dans l'Église catholique. La chose est douloureusement vécue par son père, mais il n'y aura pas de rupture et leur correspondance témoigne d'une compréhension grandissante.

---

2   «Délire qui m'apprit que trouver Dieu était tout ce que je désirais vraiment» in «Ut Unum Sint», str. 1410-1411.

L'errance se poursuit : instituteur, soutier sur un chalutier, portier de la chartreuse de Parkminster, il n'oublie pas le pèlerinage : à Lourdes d'abord avec John Dove, ensuite en Terre sainte[3] : il séjourne chez les franciscains, chez les pères de Sion à Jérusalem, puis revient en Europe, à Louvain, où il suit le noviciat des pères de Sion.

Mais ce n'est pas sa voie. Renonçant au sacerdoce, il entreprend un nouveau pèlerinage, à pied, vers Jérusalem qui s'interrompt en Italie où il loge dans une église et trouve un petit emploi de sacristain, puis d'éboueur. Apprenant la mort de son père, il rentre en Angleterre. Il y trouve diverses occupations, essentiellement d'assistance, en particulier aux handicapés. Il est aussi aide-fossoyeur. Pour les œuvres il quête dans les rues en jouant de la flûte. Un journaliste anglais vient l'interviewer et quand il lui demande son nom, John répond : « Just call me the Jester of Christ the King » [« Appelez-moi simplement le Bouffon du Christ-Roi »].

En 1955, il est postulant à l'abbaye bénédictine de Prinknash, qu'il quitte pour retrouver Londres et ses activités de musicien de rue. Il est successivement portier, employé à la morgue, sacristain à Westminster, puis homme de confiance de l'archevêque dont il garde et défend la résidence de campagne contre de funestes projets immobiliers.

En 1961, il doit quitter cette résidence, vit quelque temps en ermite dans le Devon, puis comme aide-jardinier chez sa belle-sœur.

Son ami John Dove, qui en 1958 a été ordonné prêtre dans l'ordre des jésuites, est missionnaire en Rhodésie du Sud. En 1962, il part le retrouver et trouve là-bas différents emplois. Le voici homme à tout faire à Silveira House, près de Salisbury : il s'occupe toujours beaucoup des ruches.

En 1968, il retourne en Angleterre, fait un nouveau voyage en Terre sainte, puis à Rome et regagne la Rhodésie.

---

3   Son journal de voyage en Terre sainte est publié par John Dove : *The Strange Vagabond of God*, Gracewing, Leominster, 1997, p. 71-106.

C'est en 1969 qu'il trouve la réalisation de sa vocation. Il est nommé directeur du centre de lépreux de Mtemwa, c'est-à-dire qu'il est, écrit Didier Rance, « administrateur, infirmier, conseiller, animateur spirituel, chef de chorale, croque-mort », ajoutons qu'il s'occupe toujours de ses chères abeilles qui viennent habiter sa cellule.

La vie devient difficile : la guérilla pour l'indépendance s'étend dans le pays et le directeur du centre connaît de graves difficultés avec le Comité, devenu l'Association rhodésienne contre la lèpre, qui finit en 1973 par le licencier et lui interdire l'entrée du centre. Il s'installe alors dans une hutte en dehors du centre, y fait des visites clandestines. En 1974, son successeur, brutal et peu honnête, est révoqué et John reprend son service auprès des lépreux.

La guerre civile s'étend. Entre le pouvoir légal qui soupçonne les activités des étrangers et la guérilla, la vie est très difficile. Les exactions, les massacres et les répressions se succèdent.

John reçoit en 1977 l'habit franciscain dans lequel il voudra être inhumé.

Le 2 septembre 1979 il est enlevé par la guérilla, « jugé » puis relâché. Sur le chemin du retour, l'un des guérilleros qui l'escortent, lui vide son chargeur dans le dos. C'était le 5 septembre.

***

Sèchement raconté, limité aux faits et aux dates, le récit de cette vie oublie bien sûr l'essentiel, qui fait de John Bradburne le frère de François d'Assise, de Benoît-Joseph Labre et de tant d'autres saints et bienheureux, pèlerins et martyrs. Il oublie aussi que tout au long de sa route, difficile et splendide, John écrit des poèmes. De 1948 à sa mort, on en compte environ 6 000, presque 200 000 vers.

UNE BRÈVE INTRODUCTION À LA POÉSIE DE JOHN BRADBURNE[1]

David Crystal

John Bradburne respirait la poésie. Elle sortait de lui comme l'eau du robinet, et le robinet était toujours ouvert. Les dix années à partir de 1969 furent l'apogée d'une vie poétique remarquable, qui commença dès sa jeunesse. Il écrivit alors plus de 4 000 poèmes –parfois une douzaine ou plus par jour. Plusieurs d'entre eux sont longs de plusieurs milliers de vers. L'amplitude de son œuvre n'a pas de précédent dans la littérature anglaise : je l'évalue à plus de trois fois celle de Wordsworth, et nous ne la possédons pas encore en son entier, car une bonne part reste encore cachée sous forme de lettres dans plus d'un grenier ou tiroir. Il est probablement le poète le plus prolifique de la littérature anglaise.

Il est, à la lettre, incapable de s'arrêter. Dans « L'Ensuite » (en français [n.d.t.]), écrit en 1974, il nous raconte comment il continue à prolonger quelque peu un poème :

> J'aime cette incapacité à n'achever
> Jamais sans ajouter quelques vers de plus ;
> Il me semble qu'une tendance perpétuelle
> À se fondre dans l'Un, n'est pas ce qui il y a de plus mauvais
> Même pour les éternités sans fin et sans commencement
> À savoir : Dieu, l'Esprit saint, le Père et le Fils.

En réalité, c'est en général le fait d'arriver à la fin d'une page qui le conduit à terminer un poème, ou bien d'avoir à changer le papier dans sa machine à écrire. Et chaque bout de papier sert jusqu'au bout. Il écrit souvent deux sonnets sur une feuille de papier d'écolier puis découvre qu'il reste quelques centimètres au bas de la page. Alors, il les remplit avec un poème de deux ou trois vers !

Avec une telle profusion, il n'est pas surprenant que la qualité varie considérablement, allant du sublime au banal ; mais son œuvre affiche un enthousiasme déterminé et une clarté de vision qui est convaincante

---

1 Texte traduit de l'anglais par Didier Rance.

par sa force et attachante par son humanité. Prenez, par exemple, ce qu'il écrit le 20 avril 1969, et qui illustre la pertinence ci-dessus d'images telles que «respirait» et «profusion». Il commence ainsi une lettre à sa mère :

> Chère Mère,
> merci beaucoup pour vos trois dernières lettres du 9, du 12 et du 15. Écrire autrement qu'en vers est pour moi une douleur stérile, inutile et avortée, par conséquent je suis sûr que vous me permettrez le plaisir de répondre en vers, et de vous donner en vers les informations et les nouvelles de Pâques que je peux avoir. En disant qu'écrire autrement qu'en vers est pour moi pesant, je ne parle pas de ce que je reçois, mais à ce que j'envoie…

Et il se lance alors avec exubérance dans un poème de plus de cent vers, dans lequel romantisme allègre et bavardage familial sont entrelacés sans qu'il s'en rende compte :

> Cela me rend heureux et augmente ma joie
> De lire à propos du plaisir que vous avez pris
> Aux salutations pascales salutations sur les *masasa*[2]
> Dont la vue au printemps fait de nombreux heureux ;
> Béni soit Dieu, que les Alléluias aient bondi
> Pour le meilleur soleil de Pâques de vingt années ;
> Le froid de l'hiver évanoui, elles ne dormaient plus
> Les jonquilles, mais claironnaient leurs acclamations !
> Hourra pour Marie réjouie en chemin
> Avec le loriot en vacances de Pâques
> Une telle amélioration marquée de la santé de celui
> Dont le nom est Charles (qui ne rime bien avec rien)
> Est elle aussi alléluliatique, nager
> Puisse-t-il cet été, en bonne santé comme n'importe quelle cloche…

À son meilleur, son œuvre offre des vers d'une grande beauté et d'une profonde perspicacité spirituelle. Plusieurs de ses images sont originales et vives :

> Adhère à la vérité comme les mouches au plafond…
> La pensée de Dieu est inscrite dans l'air…

Il peut produire des images romantiques d'une qualité surprenante, qui invite à la comparaison avec Robert Browning ou William Blake :

> Les rêves sont un commentaire quadrillé fait
> Dans le sommeil, au long des profondeurs de nos désirs,

---

2 Arbres de la brousse.

Se déplaçant comme des énigmes à travers une clairière magique
Légèrement ils touchent le bond de feux cachés…

Il regarde la nature d'une façon dont Wordsworth ou
Keats auraient été fiers. Ainsi cette vision des abeilles :

Le son nocturne d'une ruche est comme la chute
De gouttes de pluie féériques sur les sommets du temps…

Celle des corbeaux :

Les corbeaux sont ruse empennée de l'Éternel…

Et celle des cygnes :

Sans compagnons, tels les navires qui naviguent seuls
Avec un mât non annoncé sur les vastes mers inexplorées
Ainsi est le cygne seul, solitaire,
Jamais moins seul, ô Seigneur, que, trônant avec toi,
Dans un pèlerinage où seul l'Unique peut être.

Et voici une ouverture narrative d'ambiance :

Il est long bois sombre où vivent les sorcières
Près d'un marais où les courlis appellent
Et au-dessus et au-delà, un Fell (sommet) est conduit
D'où un vent se rue sur les vallons…

Toutefois, ce qui rend John Bradburne singulier
comme poète, c'est sa maîtrise des caractéristiques
traditionnelles de la poésie, comme l'onomatopée,
l'allusion verbale, le rythme et la rime. Il est un grand
formaliste. Il expérimente chaque type concevable
de pieds et de vers. Le vers blanc n'existe pas pour
lui :

Si seulement vous aviez le temps pour écrire des vers ?
Les vrais poètes ont le temps pour rien de moins !
Les vers libres je les remets au corbillard,
Avec rime et rythme John en avant
Pressera !

Il veut « tisser avec la rime » (mais, quand il le veut, il
peut composer dans le genre du vers libre), mais ses
rimes ne sont pas limitées à la fin des vers. Il prend plaisir
aux mots qui riment à l'intérieur des vers, utilisant les
allitérations et les assonances, et créant joyeusement des
néologismes :

Prenez des tours, des tourelles, des hêtres pourpres, des allées
Et des roses, des rangées d'ifs révérencieux
Et des lilas et des cytises et les sourires

15

> D'un temps de mai marié à la vue carillonnante
> Du royaume des hirondelles et des prés des joyeux coucous…

Il peut conduire les allitérations à une longueur quasiment imprononçable :

> First Eve fell fast for fallen fiend's false fable,
> Foul weather followed for us folk forlorn…

Les mots résonnent les uns contre les autres de manière inattendue. Ils sont éprouvés, tordus, étirés et matraqués pour produire jusqu'à la dernière miette des agencements et connotations. La poésie de Bradburne est un paradis pour les faiseurs de calembours (le plus souvent intraduisibles en français). Il est obsédé par les jeux de mots et les allusions, et il le sait, se disant rimeur et faiseur de calembours dans une parodie d'auto-dénigrement. Je doute que quelqu'un puisse arracher davantage de changements linguistiques à partir d'un mot : Eve, Eva, Ave, ou Mary, Maria, mare, au mer, Miriam, admire I Am (admire Je suis)… C'est cette omniprésente espièglerie qui empêche sa poésie de devenir pompeuse ou complaisante envers elle-même.

Il écrit au fil de la plume d'une façon extraordinaire. Les textes manuscrits s'affichent, page après page, sans aucune correction ou changement d'état d'esprit. Et il écrit vite. Nous le savons parce que, parfois, non seulement il date le poème mais marque l'heure, le jour où il l'achève. Par exemple, un 10 août, il termine « Pour Paddy Bidwell » à 3 h 55 du matin. Le poème qui suit sur cette page, « Matines », se termine également avec une heure indiquée : 4 h 45, la même nuit. Le second poème comprend trente-six vers, écrits en cinquante minutes. Plus ou moins un vers à la minute.

Cela peut ne pas sembler trop difficile, jusqu'à ce que vous vous rendiez compte à quel point l'écriture en est complexe. Je ne pense pas ici à l'originalité de la pensée, ou à son contenu théologique, qui est plutôt impressionnant, mais à son adresse littéraire. Il est un maniaque des pieds et de la versification, s'évertuant à dégager une structure symétrique pour son poème. Ses rimes sont complexes ; ses jeux de mots plus encore. Il écrit même des poèmes acrostiches parfaits.

Il a un seul thème, et c'est le plus profond des thèmes : la nature du Dieu trinitaire, qui se manifeste en Jésus, né de Marie. De ce thème suivent tous les autres —le plan de Dieu dans l'histoire humaine, le salut, l'amour, la mission… Bradburne se tient aussi près qu'il le peut de la divinité, à travers la figure de Marie. Il se voit comme dans la plus audacieuse et la plus intime des relations avec elle, comme «époux de la Reine des Reines». Dans sa vision, les idées et les images viennent directement d'elle :

> Ce jour-là, ta Reine a conçu la parole de Dieu par moi…
> Je sais, une nuit comme celle-ci
> Ce que je dis, elle dit : c'est ainsi.

Et ses aperçus sont profonds —parfois mystiques jusqu'à l'obscurité, parfois brûlant d'une clarté prophétique, comme dans cette brillante image de la Trinité :

> L'amour qui est Celui qui choisit, le Choisi, le Choix.

John Bradburne est néanmoins un poète très humain. Il ne cache pas ses propres peurs et ses faiblesses. Quand son humeur l'emporte, et qu'il reçoit mal un visiteur indésirable, il se blâme lui-même plus tard dans la soirée dans un poème. Il a ses bons et ses mauvais jours : le 18 août 1971 est une mauvaise journée, et il est puni en allant au lit sans poésie :

> Compte ce jour parmi les pires
> Que j'ai eus : triste, il ne sera pas plus versifié.

Et bien qu'il écrive souvent à toutes les heures de la nuit, il a du mal à se lever le matin :

> Après le premier chant du coq tandis que les derniers hiboux hululent
> Et que les calmes grillons chantent la voie pour l'aube
> Il est le temps de taper cette poésie
> Qui a beaucoup dérobé avant le matin
> Et s'est imprimée elle-même dans l'esprit
> Pourtant, je trouve, c'est rarement qu'alors je me réveille avec toi !

Ces éclairs d'humanité de tous les jours montrent que John Bradburne n'est pas un romantique ordinaire. Savons-nous à partir de leurs poèmes si Keats ou Coleridge trouvaient difficile de se lever le matin ?
Bien des poèmes de Bradburne ont des défauts dans leur structure complète. Dans les œuvres très longues

(des centaines de vers), la mise en œuvre peut se désagréger complètement, et l'on est emporté par la force de chaque strophe individuelle, sans savoir comment l'histoire s'achèvera. Malgré leur discipline métrique projetée, les vers parfois ne sont pas réguliers et les strophes deviennent asymétriques. Mais rien de tout cela ne semble le déranger. Il rit de son incapacité à trouver une rime, et si le dernier vers d'un poème ne tombe pas correctement, il le laisse tel quel, ajoutant souvent une note facétieuse pour attirer l'attention sur ce point. Il y a très peu de signes de correction dans les dactylographies et les manuscrits originaux. Il écrit une pensée comme elle lui vient à l'esprit, rapidement et sans hésitation, en strophes habituellement impeccables :

> Nous ne cessons jamais de se demander ce qu'il faut dire,
> L'élan de notre muse dévouée
> Nous emprisonne dans des sorts de fées qui se balancent
> Quelle que soit la rime et le rythme qu'elle peut choisir…

Avec une telle inspiration, il n'y a pas besoin de révision – et de toute façon, il n'en a pas le temps car le prochain poème doit être écrit.

6 000 poèmes et des poussières. Pourquoi ? Avait-il le choix ? « Les bardes sont des oiseaux », dit-il dans « Talisman » :

> Des oiseaux qui chantent spontanément
> Ne demandent pas de récompense ou quoi que ce soit
> De l'homme comme appréciation, eux
> Qui ne sont que de Dieu chantent chaque jour
> Surtout le matin et à la tombée du jour,
> En rendant grâces qu'ils reçoivent des grâces.

Mais, dans « Le Paradis mis de côté », nous finissons par nous approcher de la mission de cet « étrange vagabond » :

> … Oh ! Puisse ce que tape cet imbécile
> Titiller les ressorts de l'immortalité
> Et que puisse mon esprit seoir à l'éternité.

John Bradburne n'a jamais imaginé que son œuvre serait lue. Il y pense de façon lugubre, le 16 Août 1974, dans « Pour l'Étoile polaire » :

> Mon âge est de cinquante-trois ans, mes vers sont nombreux
> Et presque tous, personne ne les a lus !

Indian Bazaar

Sacred bulls of lumb'ring size,
Mooching 'mongst the stalls;
Varied smell or merchandise
This Englishman enthralls.

Shelves of food with flies aswarm,
Betel-nut and dust;
Heavy air and very warm
But stay to look I must.

Tongas reeling through crowd,
(Scarecrow ponies' task);
Cripples, outcasts, beggars-bowed:
Old India's lifted mask.

Holy men in walking trance,
Wand'ring on the road;
Money lenders seizing chance
And counting all they're owed.

Idler Babus drinking tea,
Babbling empty news;
"British not worth *ek*[1] rupee,
Their *naukri*[2] we refuse!"

---

1 « Ek » signifie « un », en urdu.
2 « Naukri » signifie « travail ».

BAZAR INDIEN

Vaches sacrées aux tailles imposantes
Traînant au milieu des étals
Odeurs et marchandises abondantes,
Voici que cet Anglais s'emballe.

Rayons de nourriture emplis de mouches,
De noix de bétel, de poussière ;
L'air accablant, étouffant, m'effarouche
Mais je dois voir la scène entière.

Chariots tongas titubant dans la foule,
(poneys peinant, épouvantails) ;
Estropiés, parias, mendiants qui s'écroulent :
De la vieille Inde le portail.

De saints hommes déambulent en transe
Dans les rues, n'allant jamais droit ;
Prêteurs d'argent qui saisissent leur chance
Et détaillent tout ce qu'on leur doit.

Des Babus oisifs, qui boivent leur thé,
Tout en radotant des cancans ;
« Pour l'Anglais, pas *ek* roupie de coté,
Et leur *naukri*, non ! non ! pan ! pan ! »

Pie-dogs slinking in and out
(Traffic, shops, and feet)
Feasts of garbage strewn about
Each fly-infested street.

Bullock-carts go creaking through,
(Halting, funeral pace);
Children play as children do
Ignoring time and space.

Haughty camels: caravan
Bearing bales of straw;
Swearing, grumbling driver-man:
Here's nature in the raw!

Chiens parias furtifs ça et là errant
(circulation, échoppes, pieds)
Festival d'ordures, balancées en
Chaque rue, mouches déployées.

Chariots de bœufs qui s'en vont en grinçant
(Sur un rythme de funérailles);
Et des enfants qui jouent des jeux d'enfants:
Espace ou temps, rien n'est qui vaille.

Des chameaux et des caravanes
Transportant des bottes de paille,
Vitupérant, leur chamelier ahane:
Nature en ordre de bataille.

1945

TO SAINT FRANCIS

Bright master minstrel, Bernadone blest,
You have outsong'd the troubadours of France;
Sweet jester of the King, you did advance
The jongleur's art. O fool! God's fool the best,
Being lost in love with Love, you far outran
The muse's measure, overtook the seers
In racing to the fountains whence all tears
Of true repentance flow for fallen man.
So loving Christ, you loved the things He made,
Each living thing, bird, cricket, lizard, beast,
All creatures from the greatest to the least,
All souls for which the Lord so dearly paid.
O pray Him, send us holy Brother Fire,
To light our hearts in flame of pure desire.

À SAINT FRANÇOIS

Brillant maître ménestrel, Bernardone bienheureux,
tes chants ont surpassé les troubadours de France,
doux bouffon du Roi, tu donnes préséance
à l'art du jongleur, ô meilleur fou de Dieu !
Perdu en l'amour de l'Amour, tu as de loin dépassé
la mesure de la muse, et les prophètes dans leur course
tu les as surpassés en atteignant la source
d'où les larmes du vrai repentir coulent pour l'homme tombé ;
aimant ainsi le Christ tu aimas tout ce qu'il a créé,
tout être vivant, oiseau, criquet, lézard, grosse bête,
et toute créature des énormes aux simplettes –
et toute âme que le Seigneur a si cher racheté.
Prie-le et que par toi saint frère Feu daigne venir,
allumer en nos cœurs la flamme du pur désir.

1949

LOURDES

Like snowflakes through silence descending,
A descent of whiteness falls clear
Mid Mass of our Lady's Assumption,
Where she to a saint did appear,
At Lourdes by the marge of a river,
Where faith brings Christ's kingdom so near.

As John in the valley of Jordan
Gave life by the waters of grace,
So now 'neath the Pyrenees mountains
God's mercies run surely apace,
And pilgrims of many a nation
Find life in His Mother's embrace.

The child Bernadette was a peasant,
As Jesus her Maker has been,
And Lourdes is the sister of Naz'reth,
For both are the home of our Queen,
Whilst Jordan and gave flow from heaven
One powerful, life-giving stream.

LOURDES

Comme flocons de neige descendant en silence,
un déchant de blancheur inonde de clarté
l'Assomption, fête de Notre-Dame :
où une jeune sainte la vit se présenter
à Lourdes au bord d'une rivière,
où la foi a si bien le Royaume approché.

Comme Jean dans les flots du Jourdain
donnait la vie par les eaux de la grâce,
ainsi maintenant au pied des Pyrénées
les dons gratuits de Dieu coulent avec efficace
et les pélerins de maintes nations
trouvent la vie quand Marie les embrasse.

Bernadette était enfant de la campagne,
ce que fut aussi Jésus son Créateur
et Lourdes et Nazareth sont demeure de la Reine
et Lourdes et Nazareth sont comme deux sœurs
tandis que du ciel le Jourdain et le gave
font couler, tout puissant, un torrent salvateur.

1949

A Song to Our Lady of Buckfast

Lift up your hearts to the heavenly heights,
Behold the green meadows and hills!
As the breath of new life which inspires the sweet spring
These woods with fresh loveliness fills.
From afar in the south, shining swallows are come,

And skylarks exult on the moor;
Loudly the cuckoo sings! can we be dumb
Whilst creatures their anthems outpour?
Streams and bright waterfalls, otters and trout
Display in great joy for the King:
For this is the Day which the Lord has sought out
Let creation triumphantly sing:
"Deo Gratias"

In a pub, I was told that a message had come,
Marked "Urgent! From all Abbey bees"...
'Twas as follows: "Dear Bard, tho' we sing not, but hum,
Our life is not given to ease.
If you look in the Sanctuary, you will observe
There burns near the Altar a flame:

'Tis fed by a pillar of flowers and herbs –
A wax candle – our title to fame!

To us, lest the world think bees wanting in praise
The Lord gives this work for a sign;
And while others sing canticles marking the Phase,
We cause His memorial to Shine!"
"Alleluia"

Une chanson à Notre-Dame de Buckfast

Élevez donc vos cœurs vers les hauteurs célestes,
Contemplez les coteaux et les verts pâturages !
Le souffle de la vie nouvelle manifeste
Le printemps ; dans les bois, sa beauté se propage ;
Du lointain sud parvient la brillante hirondelle

Tandis que l'alouette exulte sur la lande ;
Le coucou chante fort ! Resterions-nous des sots
Alors que tous s'épanchent dans leurs sarabandes ?
Chutes d'eau enjouées, loutres, truites, ruisseaux,
Paradent pour le Roi en formidable joie,
Car voici le plus beau jour que le Seigneur fasse ;
Que la création loue et chante à pleine voix :
« Deo Gratias »

Au bistrot, on m'a dit : « Un message à ton nom
Marqué "Urgent ! Urgent ! Ruches de l'Abbaye" » :
« Cher barde, nous ne chantons pas, nous bourdonnons,
Mais elle n'est point de tout repos notre vie.
Vois dans le sanctuaire – où tu peux l'observer –
Une flamme près de l'autel se consumer.

Un pilier la nourrit, orné d'herbes, de fleurs :
C'est un cierge de cire – notre renom insigne !

Qu'on ne croie qu'à louer nous dérobions nos cœurs :
Le Seigneur nous donna ce travail comme signe ;
Si d'autres à chanter des antiennes travaillent
Quant à nous, nous faisons briller son mémorial. »
« Alléluia ».

Jubilant bells, to the glory of Christ,
Steep all the green valley in praise:
And the watchmen who work in this beautiful place,
Pure chords of thanksgiving shall raise

To columns and arches spread high like a tree,
With crosses upholding the crown,
(True symbols Our Lady rejoices to see,
Being cause of the Kingdom's renown).
The Holy, strong God has delivered our race,
And leapt from a sepulchre sealed!

We adore with the angels, whose light is His Face –
The Lord has gone up! we are healed!
Alleluia, Alleluia.

Les cloches sont en fête, à la gloire du Christ,
Elles noient de louanges la verte vallée,
Et ceux qui veillent en ce beau lieu, en choristes,
Des accords d'action de grâce vont élever

Jusqu'aux arcs hauts élevés comme arbres, aux piliers
Ensemble avec leurs croix soutenant la couronne,
(Notre-Dame aime à voir ces symboles liés,
Grâce à eux le renom du Royaume fleuronne).
Le Dieu saint, le Dieu fort libéra notre race,
Du sépulcre scellé, il a franchi l'espace !

Sa face est lumière des anges,
Avec eux répétons nos louanges
Le Seigneur est ressuscité !
À nous le salut, la santé !
Alléluia, Alléluia.

1949

SAINT JOAN OF ARC

(from Ut Unum Sint, 1612-1626)

Blessed be God in Peter's Barque –
Stilling the roaring restless waves,
Causing a wondrous calm. He saves
Mankind. Now comes Saint Joan of Arc

Not mounted, but in joyous trance
She walks, seeing her home of France
And singing thus, of Gallic things
United to the King of kings –
Singing this sonnet to an air
As gracious as her France is fair.

Fair, fertile Land of courtesy and toil
Where grape and grain, in sunblest harmony
So surely groz qnd ripen in rich soilm
O peaceful home for Springsweet poetry!

Thine was the womb of chivalry, fair France –
Wide terrain of the soldier and the saint,
Where troubadours made carols timed for dance,
Thy spirit, so well-tempered ne'er shall faint!

Though scarred and ravaged by late wars of shame,
In this day's generation be thou till
A land for liberality aflame,

A Kingdom for true lovers of good will;
And since a Kingdom ever needs a King
May Christ thy Sovereign be in every thing!

JEANNE D'ARC

(extraits de « Ut Unum Sint », strophes 1612-1626)

Béni soit notre Dieu car Pierre dans sa barque
vit les flots furieux tout soudain s'apaiser.
Un calme merveilleux saisit l'humanité
qui ainsi fut sauvée. Et voici Jeanne d'Arc.

Elle n'est pas à cheval, mais en joyeuse transe
elle va, contemplant son beau foyer de France,
et on l'entend chanter sur des thèmes gaulois
qu'elle sait associer avec le Roi des rois –
elle chante un sonnet sur un air mélodieux
aussi beau que sa France, et tout aussi gracieux.

Fertile et beau pays, courtois et laborieux
où la grappe et le grain, en radieuse harmonie,
s'en vont croître et mûrir en un sol généreux,
ô paisible maison, printemps de poésie !

Berceau de chevaliers, ô belle et douce France,
ô toi, riche terreau de soldats et de saints,
les chants des troubadours étaient faits pour la danse,
ton esprit, de mesure, à jamais ne s'éteint.

Blessée et ravagée dans ces guerres récentes
de honte et d'infamie, sois pourtant en ce jour
une terre enflammée, généreuse et ardente,

un royaume de foi, pays du droit amour,
et comme tout royaume a le besoin d'un roi,
que pour l'éternité le Christ le soit pour toi.

Far from clangour, guns and flames
She walks in Heaven; far from them
That tried to set at nought her claims
She walks in New Jerusalem.

Told with an angry scorn that all in vain
Her life had been – a sad illusion drawn
From idle daydreams – to her loved Lorraine
Saint Joan turned wistfully: there was she born,

And there among her cherished woods did hear
Those voices Heavenly that drew her on
To high heroic action; Blessed seer!
Whose faith and courage true were far more strong

Than churlish minds of false inquisitors
Could faintly apprehend; of Domremy
She thought again, and to her harsh captors

Gave sur reply in her extremity,
And thus declared: « *Si j'étais dans mes bois
J'y entendrais encore très bien mes voix!* »

Now in her woods eternally
Saint Joan can see and hear the King
Of Love, and walk with God through Spring
And Summer as in Domremy.

Saint Michael and Saint Catherine
Whose voices in the woods she head
Are her celestial kith and kin
In Christ our Lord the living Word.

Now, from the Seventh Symphony
Of Beethoven, let movement slow
Sound through the woods of Domremy
With clear, immortal strains to show
How surely Blessed Joan of Arc
Heard voices in her peaceful park,
Whose message was a holy truth
Of which Joan's triumph is the proof.

Voyez : loin du fracas des armes et des flammes
elle va, dans le ciel ; et bien loin de tous ceux
qui veulent ignorer ce qu'elle crie et clame
dans la sainte Cité, elle s'en va, loin d'eux.

Quand on lui dit que sa vie fut bien vaine,
une triste illusion, faussement inspirée
de sottes rêveries – vers sa chère Lorraine
elle lève les yeux, car c'est là qu'elle est née ;

car c'est là qu'aux jours de sa prime jeunesse,
le ciel lui fit entendre, au beau milieu des bois,
l'invitant, pauvre Jeanne, à l'immense prouesse,
des envoyés de Dieu les harmonieuses voix.

Les faux inquisiteurs en leurs esprits grossiers
ne pouvaient recevoir sa foi et son courage.
Songeant à Domremy, à ses cruels geôliers

elle ne délivra que ce dernier message,
déclarant simplement : « Si j'étais dans mes bois
j'y entendrais encore très bien mes voix ! »

Maintenant dans ses bois et pour l'éternité
Sainte Jeanne peut voir et entendre le Roi,
Qui est le Roi d'amour, et avec Dieu pour soi
Revoir de Domremy le printemps et l'été.

Madame Catherine et monsieur saint Michel
dont les voix dans les bois doucement lui parlèrent
étaient ses vrais parents, sa famille du ciel,
en Christ notre Seigneur et le Verbe fait chair.

Écoutons Beethoven, septième symphonie,
et laissons son second, large et lent, mouvement,
résonner à travers les bois de Domremy
montrant dans ses clairs et immortels accents
qu'il est bien assuré que notre Jeanne d'Arc
entendit maintes fois dans son paisible parc,
les voix dont le message est pure vérité
et Jeanne en triomphant prouva leur sainteté.

Thus may the leading violin
Present for us Saint Catherine
Whilst flowing contrapuntal voice
Figures Saint Michael: all is told
By bows and strings – ne'er can grow old
This Romance of Saint Joan! - Rejoice,
Ye greenwoods glades and pleasant fields
Of Do; re; y/ no country yields
A heroine like thine, Lorraine!
Yet highly blest in saints all France
Is found to be, and fair Provence
The early Troubadours can claim,
Whose genius lived on in Joan
Of Orleans, who died alone
Mid burning woods, but ne'er her faith
Was dimmed: victorious now and safe
She sings: *"Toujours j'entends les voix*
De tous les Anges du Christ-Roi"

Je vous salue, Ô Sainte Pucelle –
Moi aussi, dans le violoncelle
Et dans les hêtres et chênes du bois
J'y ai entendu bien mes voix.

Vous étiez une simple bergère
Qui garderait en Domremy
Un petit troupeau seulement, puis
Vous deveniez une grande Martyre

Un moine je suis d'espèce poète
Mes vœux sont faits à Notre-Dame ;
Mon français n'est pas très correct
Mais je comprends la langue de l'âme.

Bouffon je suis du Christ-Roi
Et maintenant j'annoncerai :
Ce qu'on a écrit sur la Croix
Sera une joyeuse vérité !

En premier le violon qui a mis sa sourdine
fait entendre la voix de sainte Catherine
tandis qu'en contrepoint lui fait écho la voix
de monsieur saint Michel : voici que tout est dit
par archets et par cordes – et jamais ne vieillit
de Jeanne la Romance ! Oh ! soyez dans la joie
ô vous vertes clairières et vous champs agréables
de Domremy ! Et toi, à nul autre semblable,
où naquit l'héroïne, ô pays de Lorraine !
En grâces fut pourvue pourtant toute la France,
en saints cent fois bénie, et la belle Provence
des premiers troubadours fut le premier domaine.
Leur génie revivait dans la sainte Pucelle
d'Orléans, qui périt dans la flamme mortelle
du bûcher de Rouen, sans que sa foi pourtant
ait jamais vacillé : et la voici chantant
victorieuse et sauvée : « Toujours j'entends les voix
de tous les Anges du Christ-Roi »

Je vous salue, Ô Sainte Pucelle –
Moi aussi, dans le violoncelle
Et dans les hêtres et chênes du bois
J'y ai entendu bien mes voix.

Vous étiez une simple bergère
Qui garderait en Domremy
Un petit troupeau seulement, puis
Vous deveniez une grande Martyre

Un moine je suis d'espèce poète
Mes vœux sont faits à Notre-Dame ;
Mon français n'est pas très correct
Mais je comprends la langue de l'âme.

Bouffon je suis du Christ-Roi
Et maintenant j'annoncerai :
Ce qu'on a écrit sur la Croix
Sera une joyeuse vérité !

1956

To a Wandering Jew

Strange vagabond, who knows not what to seek!
The rest you lack flies not thus far afield:
Much babel tumult renders hearing weak,
And, so replete with sights, your sight is sealed!

Far out you stray to find your Inmost Soul,
While souls His Eloquence in stillness find –
Be still then! let God's Silence make you whole,
For He Alone can calm your troubled mind:

Your soul's Desire is nearest though unseen,
Your Haven of Perfection's close at hand,
And that wide wandering was fevered dream:

God's love within you is your Native Land!
Then seek none other, never more depart –
For you are homeless save God keeps your heart.

The Joy of man's desiring is the Lord,
And where the Treasure is, there is the Heart:
What then, if having wandered far abroad
A man finds God at Home? will he depart

Again? to seek his Treasure far and wide,
When he has found the House where it is safe:
Will he reject his Saviour Crucified?
The Risen Christ lives (like a little waif')

Hidden, unheard, uncared for by the World
Which passes busily His Sacrament,
In quest of treasure which must soon be furled

(With all the perishable firmament)
And put away for ever, by that KING
Who hides our folly in His Suffering!

À UN JUIF ERRANT

Étrange vagabond, qui ne sait quoi chercher,
Te manque le repos qui ne vole pas loin.
Des cris trop babéliens mettent l'ouïe mal-en-point,
Un trop-plein de visions, et ta vue est bouchée.

Tu pars loin pour trouver le tréfonds de ton âme,
Quand l'âme en son repos trouve son éloquence –
Repos donc! Que de Dieu t'unifie le silence
Car lui seul peut calmer ton esprit en alarme.

Si proche mais cachée, de ton âme l'envie,
La fin de ton chemin est à portée de la main,
Et cette longue errance était un rêve vain;

L'amour de Dieu en toi le voilà ton pays
D'autre ne cherche point, et non plus ne musarde
Car tu es sans abri, si Dieu ton cœur ne garde.

Le Seigneur est la joie de l'homme qui désire,
Là aussi est le cœur, là où est le trésor,
Quoi donc? Ayant erré au loin sans réussir
Un homme trouve Dieu chez lui: va-t-il encore

Repartir? Rechercher son trésor à distance
Alors qu'il a trouvé la maison qui convient:
Va-t-il donc rejeter du Sauveur la souffrance?
Le Christ ressuscité vit (comme un orphelin),

Ni vu, ni entendu, du monde négligé
Qui par agitation snobe son sacrement
En quête d'un trésor qui n'est que d'un moment

(tout comme en son entier l'univers passager)
Et sera pour toujours par ce ROI aboli,
Lequel en sa Passion couvre notre folie.

1958

OF JOY INCOMPREHENSIBLE

Joy is that eagle-king, most freely soars
And best because of contrast; from abyss
Of deep depression out and up, whilst pours
Love's light into its welkin, winning bliss.
After vast sorrow follows fast that might
Brightly ascending in an Attic air;
It swiftly mounts, and swallows up the night
Of sadness black; but, dawn-like its repair.
Oh it is as an oriole that sings
Triumph with golden notes upon the crown
And pinnacle of gratitude; its wings
Clap like a gliding dove's 'Hey-derry-down'
Descending and ascending; from that hard
Pillow of stone rose Jacob, like a bard.

It flows; and after woes it laves and rocks;
It rises like a lark from April's dawn;
Moreover it behoves that Queen of flocks
Who bore the Lamb, leading till evermore;
Joy is a shepherd and a shepherdess
With no alloy, aglow with blessedness.

SUR LA JOIE INCOMPRÉHENSIBLE

La joie, cet aigle roi, s'élève la plus libre
Et surtout par opposition : depuis l'abîme
De la profonde dépression, tandis que vibre
Dans les cieux la splendeur de l'amour, gain sublime.
Cette force fait suite au très profond ennui,
Elle monte gaîment dans un air gracieux ;
Et promptement s'élève et engloutit la nuit
De la tristesse noire, comme l'aube d'un mieux.
Cela ressemble fort à un chant d'hirondelle :
Triomphe en notes d'or par-dessus la couronne
Et gratitude extrême ; et voici que ses ailes
Clappent comme colombe au « Hé ! Ho ! » qui festonne,
Montant et descendant ; depuis cet appui-tête
Dur en pierre Jacob monta, comme un poète.

Elle coule ; et, après les malheurs, lave et tient
Bien, et monte, alouette à l'aube d'un printemps ;
À cette Reine des troupeaux elle convient :
Elle a porté l'Agneau, jusqu'à la fin des temps ;
La joie est un berger ; aussi une bergère
Comme béatitude illuminée, entière.

[sans date]

41

Of Dissolution

When comes that last most intimate event
Called death, called sister death, to take me home,
I hope I shall receive the sacrament
Before my body goes to help the loam;
To help, as it so helplessly dissolves,
The gentle matter making green the earth,
Which goes on whirling as the world revolves
Bemused, continuing to hold that worth
Foremost amongst the stars and planets all.
Shall not my body slowly go to naught
Except a running which may quicken life?
Will it not somewhat thrill and even sport
To be united, even as a wife
With husband may with that primeval good,
Bedecked with green which wield both field and wood.

DE LA DISSOLUTION

Quand viendra ce dernier plus intime moment
Appelé mort, sœur Mort, menant à ma maison,
J'espère recevoir le dernier sacrement,
Avant que mon corps n'aille enrichir le limon ;
Enrichir quand il se fondra, tout impuissant,
À ce doux matériau rendant verte la terre
Qui va virevoltant dans l'univers tournant
Et perdu, en gardant cette valeur entière
Au premier rang de tous les astres, des planètes.
Mon corps ne va-t-il pas doucement au néant
Sinon pour un parcours qui peut hâter la vie ?
Il y aura plaisir, et même amusement,
À être uni – ainsi qu'une épouse le vit
Avec son compagnon – à l'immense bonté,
Parée du vert qui tient le champ et la futaie.

[sans date]

In that I've always wanted to be alone

In that I've always loved to be alone
I've treated human beings much as lepers,
For this poetic justice may atone
My way with God's, whose ways are always helpers;
I did not ever dream that I might go
And dwell amidst a flock of eighty such
Nor did I scheme towards it ever, No
The prospect looms not to my liking much;
Lepers warmly to treat as human beings
Is easy to the theorist afar,
Near to my heart from bondage be their freeings,
May it be flesh not stone, O Morning Star!
Miriam, shine, sweet Mistress, in thy name
Salvation wake, lepers make leap, unlame!

EN CECI QUE TOUJOURS ÊTRE SEUL J'AI AIMÉ

En ceci que toujours être seul j'ai aimé,
Tout comme des lépreux les hommes j'ai traité :
Justice poétique où peuvent s'accorder
Ma voie, celle de Dieu – la sienne est pour aider.
Je n'ai jamais rêvé que je pourrais aller
Dans un tel troupeau de quatre-vingts m'installer
Et je n'ai jamais eu de tels desseins naguère.
Non, cette perspective à mon goût ne plaît guère.
Traiter cordialement les lépreux en humains :
C'est aisé vu de loin pour le théoricien !
Mon cœur, veuille que de leurs liens ils s'affranchissent,
Sois de chair non de pierre ; Étoile du matin,
Miriam, luis, douce maîtresse, et que soit atteint
Le salut : que, guéris, tous ces lépreux bondissent !

1969

Quis ut Deus

A hive of bees is like one perfect being,
A colony of bees is like to God,
Their sound is compound and their airy seeing
Waits on the Queen whose will's their fairy rod;

To every hive its Queen is heart and mind
That pulses and directs amidst the whole
Whence more and more analogy I find
Bringing up bees from earth to heaven's soul;

A hive is Godlike in its unity,
A hive is like the Kingdom of a Queen
Who rules with Christ amidst the Trinity

Keeping each well-willed member blithe and keen:
A beehive is a universal wonder
Loving the sun, naught is more marvel under.

QUIS UT DEUS

Des abeilles la ruche est un être parfait,
Et un de leurs essaims au ciel est comparable,
Leur chant est apparié, leur désinvolte aspect
Sert la Reine au vouloir de baguette admirable ;

Elle est, de chaque ruche, et le cœur et l'esprit
Elle donne l'élan, la dirige toujours ;
Et plus d'analogies, de là je m'approprie
Pour les mener d'ici au céleste séjour :

Une ruche est divine en son unicité,
Une ruche est semblable au monde d'une Reine
Qui règne avec le Christ parmi la Trinité,

Qui tous les bienveillants maintient en joie pérenne.
Des abeilles la ruche est un tout merveilleux :
Elle aime le soleil, rien ici-bas de mieux.

1971

THE VISION OF THE BLIND

All ye who see with eyes
That earthly sights apprize,
Give ear a little while to this my song;
There are near where I dwell
Ten lepers, blind as well,
And, out of four score people in our throng
Of motley lepers here,
They shine with secret cheer,
Their vision of our hidden God is strong.

Quaint Peter, take the lead,
You are a saint indeed
Unless there are no saints to grace our time;
Not headlong down you fell
To the dead abyss of hell
From seeing no more earthly sights sublime:
You, with your blind-man's stick
And a faith full Catholic,
Went roaming slowly up to heaven's clime.

And that is where you are
In spirit, like a star
That shines amidst the darkness of the void;
Empty of eyes, your face

Is all a smile of grace,
A sight that gives a brightness unalloyed:
Your soul it is that shows
And outwardly it glows
Declaring even blindness is enjoyed!

LA VISION DES AVEUGLES

Ô vous, vous tous qui de vos yeux voyez
Ce qu'enseigne la terrestre vision,
Prêtez un peu l'oreille à ma chanson.
Ils sont proches voisins de mon foyer,
Dix lépreux, et tous aveugles aussi bien,
Au sein de notre clan de quatre-vingts
Lépreux d'ici, un groupe bien varié ;
Ils brillent d'une allégresse cachée,
Leur vision du Dieu caché est tranchée.

Étrange Pierre, tu en prends la tête,
Tu es sûrement un saint personnage
À moins qu'aucun saint n'honore notre âge !
Tu n'as pas fait une chute complète
Dans les abîmes mortels de l'enfer,
De n'avoir plus rien à ta vue offert.
Toi, l'aveugle, ton bâton, ta houlette
Avec ta foi pleinement catholique
Tu trottes vers les hauteurs angéliques.

C'est pour y arriver que tu voyages
Avec ton esprit, et comme une étoile,
Qui scintille au cœur de la noire toile.
Quoiqu'il soit dépourvu d'yeux, ton visage

Est tout entier un sourire de grâce,
Claire vision, sans rien qui embarrasse.
Car c'est ton âme alors qu'on dévisage
Et sa clarté on peut la percevoir,
Disant qu'on jouit même de ne pas voir.

I, when the night is deep,
Survey the starry steep
And strive to pierce its infinite beyond;
But, Peter and the blind,
More peaceful is your mind
And you achieve what I have never conned:
Your fellowship surveys
What passes sight, - the rays
Of hidden Light conduct you like a wand!

Father of lights is He
Whose substance, One in Three,
Pervades creation from the brink of time;
He would not shout the odds
Gainst non-existent gods

For He is One I AM ALONE SUBLIME:
Along the shafts of dawn
He trills upon the horn
Of chanticleer, and here shall end my rhyme.

Moi, lorsque bien ténébreuse est la nuit
Je scrute les abimes étoilés
Tentant d'y percer l'infini voilé ;
Mais, Pierre, et vous aveugles, vos pensées
Se révèlent autrement plus paisibles,
Vous atteignez ce qui m'est invisible.
Votre compagnie scrute pour percer
Ce qui surpasse la vue – des rayons
D'éclat secret vous conduisent, vos bâtons.

Il est Père des lumières, celui
Dont la substance – qui Un en Trois est –
Dès l'aube des temps emplit le créé ;
Il ne bataille pas ni ne poursuit
Ces dieux qui ne sont pas, absolument :

SEUL JE SUIS LE SUBLIME, assurément.
Le long des hampes de l'aube qui luit
Il fait des trilles avec la trompette
De Chantecler… là finit le poète.

1971

THE GREAT G MINOR FUGUE

Triumph is in humility
And love is in the minor sprung;
A Brook came running merrily
And filled the book whence angels sung
And hung upon the sounds they brought
To heaven out of earth's support:
Bach is for ever strong,
He harks to what we long
And gears it up to God
In nearing Him by steering to His nod.

This high gigantic thing,
Bright Idyll of the King
Of singing strings, of woodwinds and of brass!
O Philadelphian
Mystery Pandean
Delphinoid, playing throughout the flowing mass
Of inspiration made
Into sheer glory weighed
Not clearly and not nearly by this ass!
God's dolphin I would be
Amidst the blissful sea
Of trumpet-sound and undrowned mute and cute
                                    [bassoon: they pass
Brother eirenicon
One to another on
And leave me grasping only that Maria means the Seas
And she's my Lass......

LA GRANDE FUGUE EN SOL MINEUR

Oui, le triomphe est dans l'humilité
L'amour est suscité par le mineur ;
Un ru bondit avec félicité
Et noie le livre des anges chanteurs,
Et s'accroche sur les sons qu'ils transfèrent
Au ciel, en prenant appui sur la terre.
Jean-Sébastien Bach est à jamais fort
Il prend nos attentes à bras-le-corps
Et jusqu'à Dieu il les fait remonter
En l'approchant, par son accord porté.

Cette chose élevée et prodigieuse
Cette idylle royale, lumineuse
De cordes, de bois, de cuivres qui chantent
Ô ce Philadelphien
Mystère Pandéen
Jouant en dauphin dans une explosion
D'invention, une histoire
Pesée en pure gloire
Ni clairement ni bien par ce grison !
De Dieu j'aimerais bien être un dauphin
Dans la mer de félicité sans fin
De la trompette, du basson qui vantent

L'une à l'autre occupée,
Frère « Appel à la Paix »
Pour moi suffit : « Mers » signifie Marie
Et elle est ma chérie.

Galilee's Lily gay
What else wilt have me play?
Up tree I bark
And see the Ark

Free in the woodwind's way,
Bright in the fanfare bold,
Glowing as House of Gold
And redolent of Rosemary as fragrances unfold

That Bach's a syndicate
Of angels at the Gate
Of Heaven as she swings her hips to celebrate
Just how those hinges move to sway
The glowing distant fringes of the Milky Way.

Oh lilas gai de Galilée
Quoi d'autre vas-tu me jouer ?
Contre l'arbre j'abois
Et l'Arche je la vois

Libre comme les bois,
Fanfare étincelante
En maison d'or brillante
Evoquant Marie-Rose en un parfum de choix

Ce Bach est une société
D'anges qui ont été affectés
Porte du ciel quand elle danse pour fêter
Tout comme ces gonds se meuvent pour agiter
Les bords lointains luisant de notre voie lactée.

1971

Mtemwa (Mutemwa)

This people, this exotic clan
Of lepers in array
Of being less yet more than man
As man is worn today:
This is a people born to be
Burnt upward to eternity!

This strange ecstatic moody folk
Of joy with sorrow merged
Destined to shuffle off the yoke
Of all the world has urged:
This oddity, this Godward school
Sublimely wise, whence, I'm its fool!

This ecdysis, this casting off
Of falsehood formed from pride,
This is a little village, doff
Your hats as past you ride:
But past it far you'll never go
Nor fast, since Bundu bids your princely car to slow.

This is a fastness none the less because
Fortress it is
Wills time remember

What, before it, was:
Strong hold this lays, and so should lazy I,
Upon the bulwarks of eternity.

MTEMWA

Ce peuple, ce clan exotique en somme
De lépreux en un vaste déploiement
Pour être moins et pourtant plus que l'homme,
Puisque l'homme est épuisé maintenant ;
Un peuple né pour être consumé
Et jusqu'à l'éternité, à jamais.

Ce clan étrange, instable, visionnaire,
De bonheurs et de peines confondus,
Il a pour vocation de se soustraire
À ce que le monde prend pour son dû
Cette école de Dieu, anomalie
Sublime, sage – et j'en suis la folie.

Cet abandon et cette exuviation
Du mensonge qui provient de l'orgueil :
C'est un petit hameau. Mais attention,
Ôtez vos chapeaux en jetant un œil
En passant – et peu après la nature
Bientôt ralentira votre voiture.

C'est une place forte pour finir
Car il s'agit de forteresse,
Et le temps veut se souvenir

Auparavant, ici qu'était-ce ?
C'est un bastion ; paresseux, l'imiter
Je devrais, aux remparts d'éternité.

Hazy are not
These folk, nor forgotten
By Father not far but full near
With His Love for His Only-Begotten…
'You are cut off' (Mutemwa signifies)
But not from One and all in Him who share His size.

As you come down, as down you must
On the winding road in its load of dust,
A wide panorama and wild you scan
Capriciously free from the hand of man, –
The landscape goats and delights to skip
In the green that rhymes with summertime's grip
Or, if in the waning of winter you come
While spring is a-gaining, you'll sing or be dumb
With wonder at seeing an avenue long

Of blue jacarandas whose bloom is their song,
Stand strong in their century these:
But, do not in viewing 'Halloo'
Till you're out of the wood
Which mentally blocks you from sighting our plight as a good
And keeps you from seeing how lepers can easily leap
Over the nightmare of ill
And that hill so steep:
Mutemwa.

This cohort, mixed, mercurial,
This battered, tattered throng,
Goes halt towards its funeral,
Vaults to the Lord in song –

Song, and as harsh cacophony
You'd hardly ever find,
But hearts preceded harmony
And The Sacred doesn't mind!

Il n'a pas été mis dans le brouillard
Ce peuple, et il n'est pas abandonné
Par le Père, mais il reçoit sa part
De l'Amour de l'unique Premier-Né…
« Vous êtes coupés », Mutemwa veut dire,
Mais pas de l'Un, de ceux sous son empire.

Descendant jusqu'en bas comme vous le devez
Sur la route qui serpente dans sa poussière,
Avec un panorama sauvage, élevé,
Fantasque, libre de traces de l'homme, fier,
Paysage pour chèvres et joie de monter
Dans la verdure et qui signifie : « C'est l'été » ;
Ou, si vous arrivez quand l'hiver se termine
Vous allez fredonner, car le printemps domine
Ou rester coi surpris par la longue avenue

Des jacarandas bleus dont les fleurs vous saluent
De leurs chants – ce sont des centenaires solides
Mais à leur vue, pas d'« hellos » trop rapides
Lancés, du moins pas avant que le bois ne cesse,
Qui retient votre esprit de voir notre détresse,
Et cache les lépreux bondissant aisément
Par-dessus la maladie qui fait leur tourment
Et par-dessus cette colline si abrupte,
C'est Mutemwa.

Ce bataillon, d'humeur changeant,
Foule en lambeaux, beaucoup souffrant,
Qui va vers son enterrement,
Bondit vers le Seigneur, chantant.

Chantant, rude cacophonie
Qu'ailleurs vous ne sauriez trouver :
Les cœurs précèdent l'harmonie,
Par le Sacré non réprouvés.

Martial, no threnody's the sound,
It storms high heaven's gates
Whence the wounded God who trod sits crowned
And the King of Glory waits

On a motley oft so maddening
That soften must my heart
To the sweetness, lowly, gladdening,
Of the Master of my art.

Pas un thrène : un son conquérant
Qui presse les portes du ciel
Où Dieu meurtri siège à son rang,
Où l'attend le Roi éternel.

Un si horripilant habit
Que mon cœur, il le faut, répare
Pour l'humble bonté qui réjouit,
Celle du Maître de mon art.

1972

L'ABANDON

« Give us this day our daily bread »
Is taken many ways;
Sometimes, being sublimely said,
It means a hymn of praise
To God for what already He
Has given us so often, free.

Walking towards the Côte d'Azur
(It may have been Provence)
I was a pilgrim, in the lure
of Providence not chance:
One morning by the Hour of Tierce
I'had non breakfast, hunger fierce!

I said my Pater Noster fast
As fasting sped my prayer
And speedly a motor passed
And shed one loaf: "so there!"
Had answered God by hand of one
Who thought that loaf was stale and done.

The Sermon on the Mount was not
A sheer poet flight
Into a sphere beyond our lot:
God plots it with delight
That those who trust and take no thought
For morrows get to-day's a support.

L'ABANDON

« Donne-nous aujourd'hui notre pain quotidien »
de maintes façons se dit cette supplique ;
parfois, dit sur un ton souverain,
c'est comme un beau cantique
à Dieu pour ce que si souvent
il daigna nous donner, et ce gratuitement.

En route vers la Côte d'Azur
(ce pouvait être en Provence)
pèlerin, je tombais bien sûr
dans le piège de la Providence :
vers l'heure de tierce un matin
sans déjeuner, j'avais bien faim !

Bien vite je dis mon Notre Père,
dépêchant ma prière en jeûnant.
Un motard passa grande erre,
un bout de pain me larguant
« Voilà », dit Dieu, par la main de celui
qui jeta un vieux quignon rassis.

Sur la montagne le sermon n'était point
simple envolée lyrique
vers des espaces lointains.
Dieu l'a prévu dans sa joie prolifique :
qui s'abandonne et qui au lendemain
jamais ne pense, dès aujourd'hui trouve son pain.

1972

HAIL, SAINT ALEXIS!

Today the bees came in
With a humming merry din
And settled in their swarm amidst my hive;
Till meridian they waited
And then they celebrated
The fact that in this cell is man alive:
Alive to solitude,
Dead to the world – intrude
Let none who with my sunny solitude would strive!

Sacked from the post I had
I'm backed by being glad
And free to do the things men call but naught,
Such as, to murmur "El"
Amidst my blissful cell
And to court the smallest oddest jobs my sport;
Read Gospel too I may
To lepers every day
And give thel Bread of Angels for their souls' support.

Hail, Saint Alexis, then
Amongst the humblest men!
Pray for this fool to be a tool of God;
I'm but a bumble-bee
Surrounded by the glee
Of thirty-thousand workers where I nod;
As to the Queen of all
My every madrigal,
Lilt of her grace conducts my pace like magic rod.

AVE, SAINT ALEXIS!

Aujourd'hui les abeilles sont venues
bourdonnant en un joyeux chahut,
dans ma ruche leur essaim a trouvé un abri ;
elles ont patienté jusqu'au temps de midi
puis elles ont célébré dans les chants
qu'en cette cellule un homme est vivant ;
en vie pour la solitude,
mort pour le monde – et sans gratitude
pour qui briserait mon radieux isolement !

Chassé du poste que j'avais,
soutenu par la joie que j'en ai,
libre pour ce qu'on croit néant et fange,
pouvoir murmurer « El »
dans mon recès personnel,
goûter aux emplois aussi petits qu'étranges ;
chaque jour aussi je peux
lire l'Évangile aux lépreux,
pour le salut des âmes donner le Pain des Anges.

Salut donc, Alexis, pour nous qui sommes
parmi les plus humbles des hommes !
prie pour que ce fou soit de Dieu l'instrument ;
je ne suis qu'un bourdon inutile
entouré de la joie qui jubile
de trente mille qui travaillent ardemment ;
quant à la Reine universelle
mon madrigal sempiternel,
sa grâce, magique baguette, me guide allègrement.

1972

BEEDOM ATTAINED

A stronghold for my verses is become
What long I have intended for a hive,
Bees may inspect it and about it hum
But for an entry now they should not strive;
Whether their honey is a better thing
Then my unpublished poetry depends
Only on the opinion of the King
Of heather, lime and rhyme, and verse which blends;
I am contented that my verse should stay
Unread, unlooked at, unrespected, dumb
Until the time when that same King shall say
"Now let the world with these unfurled go humm!"
Then shall all this, all these, my verse entire
Or only partly, hear God's "Go up higher".
P.S. "This writ is ratified, it but remains
To get that grace from alcohol refrains".

LE ROYAUME DES ABEILLES ATTEINT

La voici devenue le bastion de mes vers
Cette ruche prévue par moi de longue date,
Les abeilles pourront y vrombir par devers
Mais entrer n'y devraient point être candidates.
Est-ce que leur miel est de bien meilleur aloi
Que mes poésies inédites, ça dépend
Uniquement de l'opinion qu'aura le Roi
Des ajoncs, du tilleul, rimes et vers frappants.
Pour moi il me suffit que mon vers soit toujours
Ni lu ni regardé, méprisé et aphone
Jusqu'à ce que le Roi lui-même dise un jour :
« Avec eux, déployés, que le monde bourdonne »,
Pour mon vers, tous mes vers, en tout ou en partie,
Le « Va plus haut » de Dieu aura bien retenti.
Post-scriptum
« Ce pacte est agréé, mais avec un bémol :
Obtenir cette grâce : abandonner l'alcool ».

1973

DISCRETION

I grappled with The Trinity
Till Saint Augustine said,
"You'd better stop, God's Mystery
Is bigger than man's head!":
Hugging the Doctor's good advice
With a mug of tea was very nice.

DISCRÉTION

Avec la Trinité j'étais aux prises
Jusqu'à ce que saint Augustin me dise :
« Arrête-toi ! Le mystère divin
Est bien plus vaste que l'esprit humain » ;
M'en tenir au bon conseil du docteur
Avec un bon thé, ce fut enchanteur.

1973

MARIE, C'EST L'ÉGLISE

Si, Marie c'est l'Église… qui mal y pense?
Italians and Englismen and Croats
May all mix their tongues and fix a dance
On Babel, able clamberers as goats!
We want you to be certain of the fact
That Mary is the Church and not another,
I'll pay the bill for saying it and act
In Church as if my perch is Jesu's Mother;
« What is Church » is not the Question. « Who? »
Is how it should be put but seldom is…
Mary, containing all the members true
Of God's own Body, scatters heresies
At every loving mention of her name
And she the Virgin urges me to claim
That what contains the Host has got her eyes

MARIE, C'EST L'ÉGLISE

Si, Marie, c'est l'Église... qui mal y pense ?
Italiens et Croates, Anglais et Hollandais
mélangent leurs langages et forment une danse
tels cabris sur Babel qu'ils viennent escalader !
Que Marie est l'Église et non point autre chose,
nous voulons sûrement qu'en soyez persuadés,
je paierai pour le dire et en vers et en prose,
la Mère de Jésus ne pourra que m'aider ;
« Qu'est-ce que l'Église ? », question inessentielle,
mais « Qui est-ce ? » plutôt, ce qu'on dit rarement...
Contenant du Corps Dieu tous les membres fidèles,
Marie toute hérésie disperse aux quatre vents
lorsque son nom est dit par un cœur amoureux
et la Vierge me presse de clamer jusqu'au ciel :
ce que contient l'hostie a pris ses propres yeux.

1973

A Blind Leper in Search of God

When Peter of the Sacrament
Alone into the *bundu*[1] went
To gather firewood, being blind
Night was as day, save in his mind,
For in his mind there shined a light
Of Love that made all seasons bright
Of Love, that makes at any time of day
Or night a glow that breaks all woe away.

When Peter of the Sacrament
Alone into the *bundu* went
But yesterday, as eve drew near
Receive he did a feeling queer,
A kind of strange perplexity –
He thought, 'Nor fair nor square am I
Upon the wonted homeward path, and now
I'm hungry, and the *Huni*[2] makes me bow'.

He presently let fly a cry or two
But, being deaf, heard no reply nor knew
From just which quarter rightly to expect
A comer who might meet him and direct
His ever-halting footsteps to the place

Where stood the hut where he has dwelt in grace
For many years: fingerless, without toes,
Poor as a mouse might run across his floor
But rich in that which bids a man adore.

---

1 « Bundu » signifie « brousse », en shona.
2 « Huni » signifie « bois pour le feu ».

UN LÉPREUX AVEUGLE EN QUÊTE DE DIEU

Les jours où Pierre du saint sacrement
S'en va dans le *bundu,* indépendant,
Pour chercher du bois, comme aveugle il est
Le jour comme nuit sauf en lui paraît,
Mais en son esprit brille une lumière
D'amour qui toutes les saisons éclaire,
D'amour qui donne cette clarté, jour
Et nuit, qui éloigne tout mal, toujours.

Les jours où Pierre du saint sacrement
S'en va dans le *bundu*, indépendant…
Pourtant hier quand le soir s'approchait
Un étrange émoi s'en vint l'accrocher
Un embarras franchement singulier :
« Je ne suis pas, se dit-il, mon sentier
Habituel à l'heure qu'il est, mais
L'*huni* me plie et je suis affamé ».

Il laissa tout de suite un ou deux cris jaillir
Mais puisqu'il était sourd, pas de réponse à ouïr,
Et il ne savait pas d'où il pouvait attendre
Le passant qui pourrait le trouver et le prendre
Pour conduire ses pas hésitants à la place

Où se trouve la hutte où il demeure en grâce
Depuis bien des années — sans orteils et sans doigts
Si pauvre — une souris peut courir sous son toit
Mais riche de ce qui pousse l'homme à prier.

What bids a man adore? an outward surge
To Beauty infinite, abounding fire
Breaking its human bonds, taking the urge
For life immortal to its Mighty Sire;
And He, inspiring with the Spirit's breath
A frame so frail as gales will overcharge,
Sighs in the midst of it with 'Come sweet death,
And lead from time and off this tide-worn marge';
Drawn, through the deep allure of steep delight,
Up to its crystal sources, pure, unseen,
A man may feel earthly appeal aright
Only so long as upward song is keen:
Heavenly yen then leads us to adore
Measureless Pan whom no man ever saw.

Peter has seen no mortal man whatever
Since leprosy put out his human sight,
Yet strains he not nor makes undue endeavour
Walking around, finding his way aright;
But yesterday he faltered far abroad
And off he went as evening blent with noon…
Soon after nightfall all with one accord
Were anxious, it was black, no stars, no moon;
During this same anxiety, another
Lay sick and seeming at the doors of death,
Him we baptised as Peter whilst that brother
(In Christian nomenclature) held his breath
So as to hear what hard-of-hearing may:
Never a voice, never a footstep, nay.

I think that then blind Peter leant
Upon the Blessed Sacrament,
Laying his firewood on the ground
He stayed stock-still till he was found
Thanks to a random call or three
He gave from time to time, that we
(Who members are of Christ) might hear:
I think his love cast out his fear.

Qui pousse l'homme à prier ? L'élan au-delà,
La Beauté infinie, le feu foisonnant là,
Brisant les liens humains, offrant l'ardent désir
De la vie éternelle à son tout puissant Sire ;
Et Lui, en inspirant au souffle de l'Esprit
Un cadre si chétif, de tous les vents surpris,
Soupire en ce milieu avec « Viens douce mort,
Conduis-le hors du temps, de ce tant usé bord ».
Conduit au rythme vif d'une jouissance dure
À ses puits de cristal, invisibles et purs
L'homme peut ressentir les terrestres appels
Tout juste aussi longtemps que le chant surréel ;
Le céleste désir nous mène à adorer
L'infini Pan, qu'aucun homme n'a exploré.

Pierre n'a plus distingué de mortel, aucun,
Dès que la lèpre a pris sa vision d'être humain,
Mais il ne fait ni vains efforts ni des détours
Pour trouver son chemin et marcher alentour.
Pourtant, hier, son pas au loin a vacillé.
Il partit, jour et nuit confondus, sans ciller.
Nous tous d'un même cœur ce soir-là, à la brune
Étions anxieux : le noir, sans étoiles, sans lune !
Dans la même anxiété, lui-même au-dehors
Gisait, souffrant, semblant aux portes de la mort,
Pierre ainsi baptisé, et alors que ce frère
(Dans les termes chrétiens) tentait de s'en abstraire
Pour entendre ce qu'un dur d'oreille pouvait ;
Mais pas une voix, pas un pas ne s'élevait.

Alors, me semble-t-il, ce cher aveugle Pierre
Tendu vers le saint sacrement fit sa prière,
Posant à terre le bois qu'il avait trouvé
Il se tint coi, jusqu'à ce qu'il fût retrouvé,
Grâce à un cri ou deux jetés de temps à autre
Au hasard et qui finit par attirer notre
Attention (membres du Christ) et nous l'entendîmes :
Car l'amour, je le crois, toute crainte rédime.

1974

Nota Bene

Somewhere between Old Delhi and New York
Or else between New Delhi and Bengal
I knew not East from West except through talk
With Hindu Station-Master I recall:
From lowly office-door to high above
His desk went hornets, peaceful as the dove.

Perhaps I was enquiring how to get
To heaven without paying one rupee
Whilst hornets zoomed "All change" aloud and yet
Belaboured none in to and fro so free:
Their nest was overhead, his desk and chair
He found as restful as angelic air.

I said at last, past passing time of day,
"Do hornets in such close proximity
Not worry you at all?"; a blissful ray
Of soft irenic humour marked his glee:
He answered, "Sarb, there is no need to fuss,
We do not speak to them nor they to us!"

Nota Bene

Quelque part entre New York et le vieux Delhi
Ou peut-être entre New Delhi et le Bengale
Je confondais Est et Ouest, sauf de jolies
Paroles d'un chef de gare hindou peu banal :
Du dessous de la porte et jusque tout en haut
Doucement des frelons volaient dans son bureau.

J'étais alors en train de m'enquérir, je pense,
Comment gagner le ciel sans débourser un sou,
Les frelons vrombissaient « Toutes correspondances »
Mais aucun n'abusait, libres, dessus, dessous
Et leur nid au-dessus du bureau, de sa chaise,
Comme un angélique air le mettait tout à l'aise.

Du temps étant déjà passé, je dis enfin :
« Ces frelons dans une telle proximité
Ne vous dérangent pas ? ». D'un doux humour serein,
Un rayon bienheureux signifia sa gaieté,
Et il me dit : « Sahib, mais pourquoi ce tracas ?
Nous ne leur parlons pas, ils ne nous parlent pas. »

1974

A Ballade of a Blithe Anticipation

To those who, loving little, live life not
I make for death no deep apology;
To those who look upon it as the cot
Of rest in Christ till rising, I reply
Duly with Alleluia; but, to die,
Wait not till death: die to the deadly seven,
Put on in time sublime eternity,
Think immortality, link up with heaven.

Anticipate, undissipate and plot
To overthrow the sloth, the jealousy,
The lust, the pride, the avarice, the lot
O steep your greed in abstinence and fly!
Be angry but injustice to defy,
Relish God's grace and not the hellish leaven
And, lifting heart and mind aligned on high,
Think immortality, link up with heaven.

Breath is no brittle brat to be forgot
And left an unacknowledged; wet or dry
Weather is not a tether; cold and hot
Climes are for sublimation; you and I

Will brighter be for being lighter, spry
In spirit as, descrying Kent and Devon
And every realm of loveliness, we sigh:
Think immortality, link up with heaven.

Envoy

Prince, by Thy breath of peace bid me deny
Entry to death (that dwells in deadly seven),
And with Thy kiss give bliss; and so may I
Think immortality, link up with heaven.

UNE BALLADE D'ANTICIPATION JOYEUSE

À ceux qui, aimant peu, ne vivent pas leur vie,
Je n'offre pour la mort point de sérieuse excuse ;
Et de même, ceux qui en font fi comme lit
De paix en Christ jusqu'au réveil, je les récuse
Dûment, par un Alléluia. Mais, pour mourir,
N'attends donc pas la mort, et meurs aux sept mortels,
Revêts l'éternité sublime sans férir :
Pense immortalité, branche-toi sur le ciel.

Anticipe, ne dissipe pas, et complote
Pour te débarrasser : paresse, jalousie,
Luxure, orgueil et avarice, la pelote ;
Noie ton avidité dans l'ascèse et vas-y !
Sois en colère mais pour défier l'injustice,
Jouis donc des dons divins, pas du levain charnel.
Ton cœur et ton esprit, vers le haut tu les hisses :
Pense immortalité, branche-toi sur le ciel...

Souffle n'est pas gamin malingre à oublier
Et à demeurer inconnu ; humide ou sec
Le climat n'est pas longe, et froid et chaud liés
Le sont pour la sublimation ; et toi, avec

Moi, serons plus lumineux d'être plus légers,
Vifs d'esprit ; et Kent et Devon à leur appel,
Et tous lieux de beauté, nous pouvons soupirer :
Pense immortalité, branche-toi sur le ciel.

Envoi

Prince, par ton souffle de paix fais que j'empêche
La mort d'entrer (qui niche dans les sept mortels) ;
Que ton baiser donne béatitude et prêche :
Pense immortalité, branche-toi sur le ciel

1974

EIRENICON[1]

Now let me tell you this, you pilgrims all,
Love is a long desire, a short disease,
An everlasting healing and a call
To highest things that do most greatly please;
Love is an elixir to drink down fast
And love is like a fool who hails a Queen,
None of those strolling players in the cast
Of vast humanity has missed its sheen;
You'll see it on the leaves that stir and dance,
You'll feel it in the breezes as they blow,
Its deep appeal is on the seas that glance
Up at the skyscape... canst escape it? No:
Love is the very substance of the Lord
And merrily He moves and proves accord.

---

1   « Eirenicon » : proposition de paix, en grec et en anglais.

EIRENICON

Ô vous tous, pèlerins, il faut que ce soit dit,
Amour est long désir et brève maladie,
Guérison éternelle, et puis invitation
Aux cimes élevées, digne d'adoration.
Amour : un élixir à boire d'un seul trait,
Amour est un bouffon devant Sa Majesté ;
Et aucun des acteurs qui flânent sur la scène
De ce monde n'aura manqué ce qu'il assène.
Sur les feuilles, vois-le, elles s'agitent, s'élancent,
Dans les brises, sens-le, l'instant qu'elles balancent
Profond est son appel sur les mers aplanies
Qui monte jusqu'au ciel. Peux-tu le fuir ? Que non !
Amour est le sans fond même du divin nom
Qui le meut avec joie, en parfaite harmonie.

1977

In Magno Silentio

Haunted by God The Holy Ghost from Prime
Till Compline and from Compline till the dawn
Being ridiculous is more sublime
Than being wise like pedants on the lawn
Forlornly arguing about the class
And genus of the daisies in the grass.

They say we'll push them up as we'll be down
Presently six good feet beneath God's turf
And that for each of us, whether a clown,
A king, a queen, a lawyer or a serf:
Below the surface shall our bodies lie
And rot, but shall our souls not be more high?

I saw a brainy head inside a glass
Jar and it jars upon me even now…
Perhaps a pauper from the bottom class
Carried that head as high as he knew how
And so perhaps it was not such a brain
As Bertrand-Russell had, but just a plain.

I begged a Priest to pray for all the folk
Whose bygone brains stand pickled on the benches
And neither did he think it was a joke
But took me seriously… not like wenches
Disarming as a grocer's charming daughter
Who thought the courter's brain had caught the water.

In Magno Silentio

Hanté par Dieu l'esprit saint de l'heure de prime
Aux complies, et jusqu'à l'aurore, des complies,
Quand être ridicule est certes plus sublime
Qu'être sur la pelouse en sages accomplis
Chicanant sur l'espèce, ô bien lugubre verbe,
Et sur le genre des pâquerettes dans l'herbe :

« Nous les soulèverons, quand nous serons dessous
Oui, six bons pieds bientôt sous le gazon de Dieu
Et pour chacun de nous qu'il ait été un fou
Un roi ou une reine, un serf ou beaucoup mieux :
En dessous de la terre nos corps iront, bientôt
En pourrissant, mais l'âme ira-t-elle plus haut ? »

Dans un bocal je vis le cerveau d'une tête
Et ça m'agite encore, et même en ce moment…
Peut-être un indigent, un de ceux qu'on rejette,
La portait aussi haut qu'il pouvait dignement ;
Ce n'était pas, peut-être, un des cerveaux hors-pair
Type Bertrand Russel, mais juste un ordinaire.

J'adjurais un abbé de prier pour tous ceux
Dont les cerveaux d'antan marinent en rayons
Et il n'a pas pensé que ce n'était qu'un jeu
Mais m'a pris au sérieux… pas comme ces tendrons
Touchants, telle la jolie fille du marchand
Qui crut que prenait l'eau le cerveau du galant !

Fraught with these melancholy thoughts I go
Weaving towards the twilight with my keys
And, suddenly recalling Pimlico
And Westminster Cathedral on my knees
In the confessional, I will rehearse
How I was overawed, in awful verse.

As sub-sub-sacristan, a simple wight
Determined to be coloured by the sun
Whenever I could get into its light,
I used to drain the cruets: more than one
Over the eight, on certain days were said
Seventy Masses there, some for the dead.

I quoted for the quiet of my mind
'Muzzle the ox not as it treads the corn'
But conscience bid me presently to find
Confessor kindly as was ever born;

'I've swallowed such a lot of the remains'
I told him, and his golden answer reigns –

'There is a saying, Muzzle not the ox'
Said Michael Hollings from his hollow box!
No water wrought upon that giant brain
And, Master of Love's art, God's heart's his gain
And, not long after that which I record,
They made him Chaplain up at Oxenford.

Je vais, portant de ma mélancolie l'écho,
Et devers le couchant je retourne le cou
Quand soudain me revient, souvenir, Pimlico
Westminster, cathédrale, et moi sur mes genoux
Dans le confessionnal. Je m'en vais répéter
En mauvais vers, comment je fus déconcerté.

En sous-sous-sacristain, et pas du tout illustre,
Résolu à se voir par le soleil ardé,
Lorsque je le pouvais, je m'offrais à son lustre.
Chaque messe les burettes étaient vidées
Plus d'une bien remplie – parfois combien était-ce ?
Quelque soixante-dix (aussi pour les morts) messes…

Pour le repos de mon esprit, je rabâchais
« Bœuf qui foule le grain tu ne muselleras ».
Mais me dit ma conscience : « À présent va chercher
Confesseur plus gentil que jamais tu n'auras » ;

– « De tout ce qui restait, j'en ai tant consommé »
Dis-je. Lui répondit – pensée d'or à jamais – :

– « Il y a ce dicton : Bœuf ne muselleras… »
Me dit Michael Hollings de sa boîte aux aveux.
Aucune eau, jamais, ce grand cerveau n'essora,
Maître en l'art de l'amour, son gain le cœur de Dieu.
Et, peu après ce que je rapporte, soudain
Ils en firent à Oxenford un chapelain.

1978

To The Fairy Queen

Shall all my stuff and nonsense stay
Intact until my dying day?
Fair Lady, Fairy Queen, do say…
'Indeed, indeed, and Yes!'.

Nonsense and stuff I dedicate
To thee, sweet Queen Immaculate…
I hope and trust that Heaven's Gate
Will cope with it: 'We shall!
My gait will swing and I will dance
To Honi soit qui mal y pense!'.

In such a night as this I know
That what I say she says is so.

'Fiat!'.

POUR LA REINE DES FÉES

Toutes mes inepties resteront-elles
Telles jusqu'à mon dernier jour mortel ?
Belle dame, Reine des Fées, ô, dis…
« Sûrement ! Sûrement ! ». Et aussi : « Oui ! »

Mes inepties, je les offre, prends-les
Pour toi, ô douce Reine immaculée…
J'espère et crois que la porte du ciel
Saura se débrouiller, oui, avec elle :
« Je swinguerai et lancerai ma danse
Sur l'air de *Honi soit qui mal y pense* ».

Je sais, une nuit comme celle-ci,
Que ce que je dis elle dit : c'est ainsi.

« Fiat ! ».

1978

SPRING IN THE AIR

The Thought of God is written in the air,
Weather and wind express Him with His Word,
Behold the hills so high above low care
And hark to Yahweh's Voice in larksong heard;
The Thought of God is God The Father good,
The Word of God expresses what God thinks,
The Voice of God wings vibrant in the wood
Singing, or in our hearts with silence links;
These Three are Love Begetting, Love Begotten
And Love Proceeding as The Voice of both,
Love is our God and King and nothing loth
To sink into the silence, unforgotten:
Switch off that Radio, it rots the scene,
Besots our souls that Television Screen!

LE PRINTEMPS EST DANS L'AIR

Oui, la pensée de Dieu est écrite dans l'air
Le climat et le vent le disent par son Verbe ;
Contemple les hauteurs dominant l'ordinaire
Entends la voix de Dieu dans l'alouette, en gerbe ;
Oui, la pensée de Dieu, c'est Dieu le Père bon,
Et le verbe de Dieu exprime ce qu'Il pense,
Et sa voix dans les bois volète, en vibrant son
Chant ou bien dans nos cœurs unit dans le silence ;
Ces trois : Amour Engendrant, Amour Engendré
Et Amour Procédant comme la Voix des deux.
Amour est notre Dieu, notre Roi, pas gêné
De s'abîmer dans le silence, inoublié ;
Éteins cette radio, qui pourrit le programme.
Cet écran de télévision corrompt notre âme.

1978

PROLOGUE TO THE NEXT POSSIBLE EXIT

In case those 'Vakomana'[1] bright
This very night come here,
Slowly O slowly let me write
Why never shed a tear.

Firstly because I do not see
Why anybody should:
I, Bottom , never hit top D
Nor fitted Hollywood.

'Into the dangerous world I leapt'
With something of the touch
Of… can't remember what's yclept[2]
The poet… double-dutch

I loved to look towards the Fells,
I loved to book the day
For climbing up and down the dells
And rhododendrons gay.

A statue called 'Gray Lady'
Stood undraped beside our wall:
She may have been a shady
But I never felt her call.

---

1 Soldats de la rébellion durant la guerre civile en Rhodésie.
2 Le terme est de l'anglais médiéval.

PROLOGUE À UN PROCHAIN DÉPART POSSIBLE

Au cas où ces *Vakomana* charmants
Entreraient ici cette nuit en armes,
Je vais dire, doucement, doucement,
Pourquoi il ne faut pas verser de larmes.

D'abord : de voir je ne suis pas capable
Pourquoi tout le monde aurait à le faire :
Pour moi, piètre, pas plus haut que « Passable » –
Pour Hollywood non plus ça n'allait guère.

« Dans le monde périlleux j'abordai »,
Avec un je ne sais quoi, un chouïa
De… J'ai oublié le sens de *mandé*
Le poète… charabia, charabia.

J'aimais regarder les Fells, mes montagnes,
J'aimais, du matin aux heures tardives,
Arpenter en tous sens vallons, campagnes,
Et les rhododendrons aux couleurs vives.

Une statue appelée « Dame grise »
Se trouvait près de notre mur, et nue ;
Peut-être était-elle une malapprise
Mais jamais ne m'a ému sa tenue.

The spire of Skirwith church was built
Well to withstand The Helm
And that's a Wind to make you wilt
Whether of oak or elm.

Will o'the wisps would flit along
The bottoms of the Fells
After the twilight with a song
Fainter than far-off bells.

My father was an honest man
Who hated all things false:
The garden was his happy span
If the parish not his waltz.

He gloated when surrounded
By his chickens and his coops:
He never was astounded
When my questions looped the loops.
I said to him when I was five,
'Father, could anyone
Jump off the roof of home alive?':
He said, 'A fool, my son!'

From that time forth a deep regard
For fools grew up with me
And therefore do not think it hard
If heaven roofs my glee
But say amen to it and pray
A 'De profundis' over clay.
Omen: *Om mani padme hum*: *domine, permane*
mecum, tecum
nobiscum,
vobiscum
till Kingdom *coom.*
Coombrian.

À Skirwith, la flèche de notre église
Était faite pour résister à l'Helm
Car c'est un vent fort qui vous brutalise
Que vous soyez de bois de chêne ou d'orme.

Les feux follets voletaient çà et là
Dans les bas-fonds de nos Fells, leur domaine,
Avec un chant, quand le jour était las,
Plus assourdi que les cloches lointaines.

Mon père était un homme respectable
Qui avait en horreur la fausseté :
Son jardin lui était fort délectable,
Sa paroisse pas sa priorité.

Il jubilait quand dans sa basse-cour
Ses poulets, sa volaille le pressaient,
Ne s'étonnant jamais de mes discours
De mes questions posées sans me lasser.
Moi, quand j'avais cinq ans, de m'enquérir :
« Père, quelqu'un en serait-il capable ?
De sauter du toit et ne pas mourir ? »
« Un fou, mon fils », répondit-il affable.

Dès cet instant une profonde estime
Envers les fous en moi s'est incrustée.
Ne croyez donc pas que ça soit sublime
Si le ciel est le toit de ma gaieté,
Dites « Amen », et un *De Profondis*
Priez pour moi, dans la glaise ou je glisse.
Présage : *Om mani padme hum*; *Domine, Permane*
mecum tecum
nobiscum,
vobiscum
jusqu'à ce que le Royaume *advi-ienne*
Co-ombrienne.

1979